Dirty Words aus Berlin

Dirty Words

aus Berlin

Belchen Verlag

Freiburg im Breisgau 2000
Redaktion: Tino Heeg
Mitarbeit: Katharina Bausch
Umschlaggestaltung: Punkt, Komma, Strich Freiburg
Satz: Barbara Herrmann, Freiburg
Druck und Bindung: Clausen & Bosse, Leck
ISBN 3-933483-46-8

Inhaltsverzeichnis

Zunächst ein paar tröstende Worte

Die Gebildeten dürsten nach neuen Impulsen, und Kritiker beklagen den Untergang der deutschen Literatur. Wir wissen warum! Denn das Hochdeutsche ist keine Sprache, in der man sich heimisch fühlen könnte.

Aufgewachsen sind wir doch alle mit etwas anderem – unserer Muttersprache. Heute schlagen wir uns täglich mit jener kalten, technokratischen Hochsprache herum und vermissen schmerzlich den Trost des Dialektes. Weil er doch zärtlicher und obszöner, brutaler und zugleich authentischer ist.

Höchste Zeit also, sich auf die geistigen Wurzeln zu besinnen! Auf das, was unsere Muttersprache ausmacht. Denn mit dem Hochdeutschen kommen wir vielleicht im Himmel durch. Aber wenn es hier auf Erden so richtig DIRTY zugeht, sind wir ohne Dialekt einfach aufgeschmissen.

Bei den vorliegenden Dirty Words handelt es sich um eine exklusive Auswahl der wichtigsten Dialektbegriffe – schonungslos recherchiert und kompromißlos kommentiert. Ein unerläßlicher Wegbegleiter für aufgeklärte Zeitgenossen.

Ihr Belchen Verlag

1. Kapitel

Frauen, Männer und buntes Triebleben

A

abbumsen

Hauptstädter geben sich nicht mit schwachen Reizen ab, sie wollen mehr. Wo andere nur *bumsen,* kann es bei ihnen mit dem Begriff *abbumsen* nur um ein Erlebnis wie Donnerhall gehen.

abjeschleckt

Als *abjeschleckt* gilt jemand einerseits, wenn er oder sie sich zu sehr aufgedonnert hat. Andererseits ist *abjeschleckt* auch das ziemlich abschätzige Urteil über die (erotische) Vergangenheit einer heiratsfähigen Frau: *Ick nehm keen so'n abjeschlecktet Weib nich* (= Frau, die mindestens schon mal von einem anderen Mann geküßt worden ist). Scheint sich mittlerweile auch in der hiesigen Schwulenszene eingebürgert zu haben: *Ick nehm keen so'n abjeschleckten Lover nich.*

abkoofen — *Dem mußte ooch jedet Wort vom Mund abkoofen* (= Den müßte man noch dafür bezahlen, daß er überhaupt etwas sagt). Hauptstädter gehen mit Komplimenten nicht gerade verschwenderisch um. Wer aber im Bett ganz das Maul hält, hat auch in Berlin null Chancen.

Ableja bzw. Ableger — Das Leben der Pflanzen geht dem Berliner sehr nahe. Daß er sogar die eigenen Kinder als *Ableger* bezeichnet, kann deshalb nicht verwundern.

ablutschen — Der Hauptstädter hat in der Regel keine öffentlichen Hemmungen. *Aber allet hat seine Jrenzen.* Brutalknutschen vor Schloß Sanssouci etwa gilt ihm nur als *Ablutschn* – egal, ob die Zunge dabei zum Einsatz kommt oder bloß der Lippenrand.

Abstecke	Hat mit dem Abstecken von Grundstücken in der Berliner Immobilienszene wenig zu tun; hingegen gilt die *Abstecke* als Ablösezahlung, die Zuhälter für die Übernahme einer Prostituierten verlangen. Die Herren mit den Pitbulls achten in der Regel auf hauptstädtisch seriöses Gebaren.
abstinken lassen	*Den ha'k abstinken lassen!* (= Den habe ich leider abweisen müssen). Kommt auch in Berlin vor. Oft tragischer Vorgang.
abwichsn	durchprügeln; aber auch: onanieren. Sieh an! Kleiner Sado-Hinweis?
abzupfen, sich eenen	Wer hat nicht schon dieses Spiel in zarter Jugend gespielt? Die Blütenblätter eines Wiesengewächses werden nacheinander abgezupft, um herauszufinden, ob man von einer bestimmten Person geliebt wird. Der Berliner denkt

	bei *sich eenen abzupfen* jedoch an die gerade unter Heranwachsenden beliebte Masturbation.
Ackalotte bzw. Ackerlotte	äußerst zwielichtiges Girlie; ursprünglich nichts anderes als ein Mädchen aus der Ackerstraße im einstmals zwielichtigen Berlin-Wedding.
Allet bumst sich, keena kennt sich	Alles kopuliert, doch keiner hat sich dabei vorgestellt (= Gruppensex). Wo das Hochdeutsche verschämt zu Tarnbezeichnungen greifen muß, überzeugt der Hauptstadtbewohner durch konkrete Beschreibung von Fakten.
Alsche	Frau oder Mutter
Amokläufa	*Wat is denn det fürn Amokläufa?* (= leicht mißbilligend für einen Zeitgenossen, der wenig zurückhaltend und überflüssig leidenschaftlich nach geschlechtlichem Kontakt sucht).

Amateuse	Für Manta-Fahrer nichts Neues. Amateuse ist entstanden aus „Amateur“ plus „Friseuse“ (= die Bezeichnung für eine nicht-registrierte Prostituierte).
angraben	jemanden anmachen; Vorstufe von „abschleppen“.
anjebufft	angeschlagen, eingedellt; wenn ein Mann eine Frau oder einen anderen Mann *anbufft*, ist damit allerdings aggressiver Austausch von Körperflüssigkeiten gemeint.
Ankratz, auf Ankratz jehen	Wenn junge Männer *auf Ankratz jehn*, suchen sie offensiv weibliche Nähe. Der Hauptstadtbewohner weiß nur zu gut, daß er Kandidatinnen zur Probe etwas ankratzen muß.
anstehn	Kontaktanzeigen sind ein Dreck gegen die erotischen Möglichkeiten, sobald sich wo in Berlin eine Schlange bildet (Sommerschluß-

	verkauf KaDeWe o.ä.). Bekannte Anmache: *Kann ick Ihnen anstehn oder wartn Sie uff jemand?* Nur noch bei Landeiern wirksam.
Aprikose, anjestoßne	Aprikosen sind den Hauptstädtern ein anziehendes Sinnbild, zu oft berührte Früchte hingegen lassen sie leicht zurückschrecken. *Ne anjestoßne Aprikose* ist ein leider zu oft geliebter Mann oder eine leider zu oft begehrte Frau. Da hält sich der Berliner zurück. Berliner Männer träumen vom Unberührten und vom Süden.
Atze	Bruder oder Schwester
ausjevöglt	Wer *ausjevöglt* hat, ist impotent.

B

Babyschubsn	Wer bei dem Begriff *Babyschubsn* mutmaßt, daß der Berliner keine innige Beziehung zu seinem Nachwuchs hat, liegt völlig falsch.

	Babyschubsn ist vielmehr Ausdruck der kühlen Reaktion älterer Berliner auf Loveparade und Abdancen.
Bahnhof Zoo	Zu dir oder zu mir? heißt auch in der Hauptstadt die Frage der Fragen. Wenn dann der erste Eindruck *Det is ja hier wie Bahnhof Zoo* ausfällt (= Hier ist es genauso wenig einladend wie am Bahnhof Zoo) ist die Sache wohl gelaufen. Da hilft vielleicht nur noch massive Verabreichung von → *Antigrippin.*
Bärnjeknutsche	Nicht alle Lover in Berlin sind zartbesaitet. Nach manchen Sexereignissen müssen die Beteiligten ihre blauen Flecken zählen. Dann hat es sich wohl um Sex der gröberen Art gehandelt – *so'n richtijet Bärnjeknutsche* nämlich (= ein bärenähnliches Zärtlichkeits-Event).

Balkong — Manche Frauen beeindrucken durch herausragende Entwicklung der Brustmuskulatur. Berliner empfinden so einen *Balkong* geradezu als städtebauliches Ereignis; vgl. → *Flunder*.

Bambi — Kosename für die Geliebte, frei nach Walt Disney. Kann nur ein Wesen mit Rehaugen sein, schlanken Gliedern, softem Teint. Wenn *so'n Bambi* freilich auch ein Hirn wie ein Reh hat: dann Vorsicht!

Beene — Nicht erst seit Marlene Dietrich in Berlin ausschlaggebend für die weitere Entwicklung einer Beziehung. Begriffe wie *Zwischen die Beene gucken* gehen einen bedeutsamen Schritt weiter: Sex mit einer Frau oder einem Mann haben.

befummln — Auf Worte folgen Taten, wenn irgendwo, dann in der Hauptstadt;

	manchmal wird sogar gänzlich auf Worte verzichtet. *Erst quatschn, denn knutschn, denn fummln* (= Standard im Berliner Single-Leben). Doch Vorsicht beim *Befummln* in der U-Bahn: nicht jeder Unbekannte hat dafür gleich Verständnis.
Besuch von drü'm	Antiker Begriff aus der Zeit der sog. Zonengrenze. Wenn Besuch von drüben in den Westen kam, stürzte sich der in der Regel mit Heißhunger auf alles, was angeboten wurde. Heute eher bedauernd für eine Situation mit null satisfaction: *det ist ja nich jrade wie'n Besuch von drü'm* (= das ist ja alles andere als ein geiler Besuch).
betalpschen	Härtere Variante von → *befummln*. Eindeutig sexorientiert.
Betong, jeil wie	Wer *jeil wie Betong* ist, gilt in Berlin als jemand mit absolut her-

	abgesenktem Hormonpegel, vgl. → *Tote Hose.*
Bettzippel	Trotz Love-Parade: die Wirklichkeit in hauptstädtischen Betten sieht vielfach anders aus als vermutet. Deprimierend oft gebrauchte Entschuldigung: *Mir zieht der Bettzippel!* (= Mich zieht's ins Bett – und zwar zum Schlafen).
Biene	Seit Jahrzehnten und generationenübergreifend in Berlin übliche Bezeichnung für attraktive Frau: *Det is 'ne dufte Biene.* In der Schwulenszene völlig unüblich.
bildscheen besorjen	*Det besorj' ick Ihnen bildscheen!* Klingt für Außenstehende vielleicht nach Sonderangebot oder Sommerschlußverkauf. Im Berliner Kontext eindeutig sexuelle Offerte.

Bildung — Der Hauptstädter legt Wert auf Kultur. Auch Besuche in einschlägigen Etablissements der Metropole gelten ihm als Gelegenheit, den Horizont zu erweitern. *Warste im Puff oda wo?* beantwortet er darum in der Regel mit *Nee, ick war mir bilden.*

Bisse — Frau, die für ihre ruppige oder direkte Art bekannt ist und insofern im männlichen Berliner Urängste zu mobilisieren scheint. Andauernden Drohungen durch Zu- und Abbeißen will sich niemand gern aussetzen. Ähnlich gemeint: *Drahthexe.*

Bock, jeiler — stark triebgesteuerter Mensch: *So'n jeiler Bock.*

Bolln, lecken — *Bolln* bezeichnet den männlichen Hoden. Ausdruck höchster Geringschätzung: *Leck mir doch die Bolln.*

Bratn inna Röhre bzw. Braten in der Röhre	Berlin steckt voller Hobbyköche. Kommt daher die Aussage *die hat'n Braten inner Röhre* als Bezeichnung für schwangere Frauen? Ein Nachklang an uralte kannibalische Traditionen im märkischen Sand?
Bratschleiche	Berliner Männer träumen von außergewöhnlichen Geliebten. Eine Frau oder ein Mann, die oder der völlig haushalts-, aber nicht lustbetont auftritt, gilt ihnen als *Bratschleiche*.
Bullenwinkel	Berliner FKK-Strand; gerade bei kontrollierenden Polizisten nicht unbeliebt.
Bums	Treffende Bezeichnung für ein etwas zwielichtiges Lokal. Wenn Berliner von *uff'n Bums jehen* sprechen, ist allerdings wohl nicht nur der Besuch des Lokals gemeint, sondern auch der erhoffte Abschluß des Abends.

bumsig sein

Wat bist'n du für'n bumsiga Trottel (= Was bist du nur für ein ungeschickter Zeitgenosse)? Wenn jemand *bumsig* durch die Welt latscht, stößt er permanent irgendwo an. Der Berliner weiß instinktiv: Das kann nur am ungeregelten Triebleben liegen.

Bumskeule

Der Berliner liebt die Pflanzenwelt (→ *Ableja*) und empfindet sich gerade in Wassernähe als energiegeladene Kreatur. *Bumskeule* heißt offiziell nur die Frucht der Rohrkolbe, die an den Seen um Berlin häufig wächst. Inoffiziell wissen es alle besser, wa?

bürschten

1. Mit einer Bürste reinigen, glätten; 2. Geschlechtsverkehr ausüben. Etwas rätselhaft ist in diesem Zusammenhang das Sprichwort: *In de Jujend jut jebürschtet, is im Alter halb jekämmt!* Ist Sex in Berlin gut für

das Haarwachstum? Eine umstrittene These.

Butze — Naive junge Frau, die sich hoffnungsfroh auf einen Typen eingelassen hat, der sie entgegen anfänglicher Versprechen nicht heiraten will. Vermutlich vom Apfelbutzen.

C / E

Christenblitzen — Etwas gemein für die auch in Berlin absolut üblichste sexuelle Position: Mann oben, Frau unten; vermutlich abgeleitet von der sog. „Missionarsstellung“.

Dachhase — 1. Nachts herumstreichende Katze, 2. Partner, der spät nachts vom → *Bums* nach Hause kommt und vergeblich versucht, geräuschlos das Bett zu erreichen.

denken, nach unten Wenn es um Sex geht, schaltet sich bei normalen Männern das Hirn automatisch ab. Nicht so beim Berliner: er hat die besondere Fähigkeit entwickelt, nach unten zu denken.

Eckzahn Bezeichnung der Berliner für ihren beziehungsmäßig erstrangigen Lover. Berlinerinnen und Berliner wissen natürlich, daß der Eckzahn ein wichtiger Teil des Gebisses ist, andererseits ist es auch der schärfste Zahn im Kiefer und insofern immer etwas unheimlich.

Ehelokomotive Bezeichnung für die soziale Folge der Tatsache, daß jemand unehelich schwanger wird. Die *Ehelokomotive* kann von Männern wie Frauen absichtlich in Gang gesetzt werden. Ist jemand erst einmal → *anjebufft* und hat einen → *Braten in der Röhre*, dann gibt es eine Menge Argumente für das Berliner Standesamt. Eine Strategie, die in Berlin unter jüngeren Mitbürgern zunehmend nicht mehr verfängt.

Embüdel — Bezeichnung für den männlichen Partner. Trotz intensiver Sprachforschungen konnte der Ursprung dieses Wortes jedoch leider nicht gefunden werden.

Emmerich — Der Buchstabe „M“ steht für Männer. Ein *Emmerich* ist ein Mann. Der Begriff ist in der Regel abwertend gemeint.

F

Fangeisen — Die Einrichtung der Ehe hat für manchen Berliner den Zauber verloren. Insofern ist es keine Überraschung, wenn ein Ehering als *Fangeisen* bezeichnet wird.

Fantaske aus der Bodenluke — beeindruckend auftretende Frauenerscheinung

Feife	Pfeife; nicht nur Wort für einen absolut dämlichen Typen, der aber auch gar nichts auf die Reihe kriegt, sondern interessanterweise auch Bezeichnung für das männliche Geschlechtsteil. Feministinnen, aufgepaßt!
feilen	Heftigen geschlechtlichen Umgang pflegen. Könnte etwas grob gemeint sein.
Fejer, irrer	Wörtlich „wahnsinniges Bodenputzgerät“ (= Feger). Äußerst anziehende Frau.
fernjesteuat	Menschliches Wesen, das sich rettungslos in jemanden verknallt hat und seitdem wie *fernjesteuat* (= fremdbestimmt) herumlaufen muß.
Fickstelze	Jemand, der von seinem Partner ausschließlich und allein für den Akt des Geschlechtsverkehrs in

Betracht gezogen wird. Ziemlich übel.

Flanze — Berlin fühlt sich der Pflanzenwelt verpflichtet (vgl. → *Ableja*, → *Bumskolben*). Interessante Frauen mit interessant-schamlosem Auftreten sind, klaro, *Flanzen* (= Pflanzen).

Flunder — Mitbürgerin, die, anders als Frauen mit → *Balkong,* im Brustbereich mehr zu städtebaulich flachen Lösungen neigt.

Fotze abräumen — Auch woanders recht derbe Bezeichnung für das Kleinod weiblicher Identität. Vorsicht! *Fotze* kann auch Mund heißen, beispielsweise in der Ankündigung: *Ick räum' dir die Fotze ab* (= Ich führe gleich einige kosmetische Veränderungen an dir durch).

Französisch spielen	Die Hugenotten brachten viele neue Techniken nach Berlin. Auch ihr Know-How in Sachen Ekstase blieb bis heute vorbildlich.

H/J

Harald	*Bin ick Harald?* Anspielung auf den Berliner Ehrenbürger Harald Juhnke, bei dem viele Männer wegen seiner Alkoholexzesse einen ansonsten körperlichen Totalausfall vermuten. *Bin ick Harald?* gilt als Erwiderung auf die Frage, ob die Potenz des Befragten noch ausreichend sei.
Hämeken	kleiner, unauffälliger Mann
Hannefatzke	Gegenteil des *Fatzken*; der *Hannefatzke* gilt als kleiner und schwacher Typ mit wenig Attraktion für Frauen. Vielleicht ein Irrtum.

Hirsch	Ein *flotta Hirsch* gilt in Berlin als Casanova.
Hobbyflecken	Vielfach wurde angenommen, die liebste Beschäftigung Berliner Männer wäre Zocken an der Börse oder sich stehend in der Kneipe einen andudeln. Weit gefehlt. Das Haupt-Hobby scheint ein anderes zu sein, und die *Hobbyflecken* befinden sich meist an eher nichtöffentlichen Orten und gehen in angetrocknetem Zustand gar nicht mal so leicht raus.
Holz	weibliche Brust; *jott, wat hat die'n da für Holz?* Ehrfürchtiger Ausruf der Bewunderung unter Männern der Hetero-Szene.
Ische	Freundin, Geliebte, Partnerin
Jerät, heißet	Viele Berliner sind große Kinder geblieben. Auch angesichts äußerst anziehender Frauen denken sie in eher technischen Be-

griffen. Ein *heißet Jerät* (= heißes Gerät) ist die Attraktion in der Frauenwelt Berlins überhaupt.

Jesindel, schwanzloset — Leicht abwertend für den weiblicher Teil der Bevölkerung.

K

Käfa — Nicht nur Pflanzen, auch Tiere liebt der Berliner. *Käfa* heißt „Käfer“ und bedeutet „Girlie“.

Kalle — Freundin, Braut

Kekse — (üppige) weibliche Brust; wieso der Hauptstädter hier ausgerechnet auf ein deutlich flaches Gebäck verfällt, ist der Redaktion schleierhaft.

Kessa Vata — Kesser Vater (= Lesbische Frau). Berliner nehmen manches wahr, kapieren aber durchaus nicht alles.

Kiste	1. kastenförmiger Behälter; 2. weibliches Gesäß.
Klafeze, olle	Abwertend für nicht mehr attraktiven Sexualpartner.
Klunte	Girlie, junge Frau
Knackarsch	Erotisierende Hinteransicht von Männern oder Frauen.
knallen	zusammen schlafen; humorige Berliner Feststellung: *Wenn's vorne poppt und hinten knallt, det macht hundert Jahre alt.*
Knülli	Freund, mit dem ein Mädchen geht. Ein *Knülli* wird in seiner maskulinen Ausstrahlung nicht überall voll ernstgenommen.
Kolm bzw. Kolbn	Der Berliner Mann hat in Sachen Potenz ein beneidenswertes Selbstvertrauen: Er sieht sich gern als ein Art *Sex-Machine*. Kein

	Wunder also, daß er seinen Penis als *Kolben* bezeichnet.
Kondom gehen, mit jemandem	Berliner sind diskussionsfreudig und eher selten zu Zustimmung zu bewegen. Wenn es aber mal so weit ist, dann gehen Männer hierzulande gern *mit jemand Kondom* – was auf ihre umfassende Bildung hinweist. Woanders glaubt man ja, das entsprechende Fremdwort hieße *konform* – ein Irrtum, den Berliner nur amüsiert zurückweisen können.
Krampfhenne	Frau, die alles andere als locker drauf ist. Das Pendant *Krampfhahn* konnte sich nicht durchsetzen, obwohl der Kudamm voll davon ist.

L/M

Lümmel	männlicher Schwanz

Lümmeltüte	Kann dann natürlich nur ein Kondom sein.
Mäc	Nein, ein *Mäc* ist nicht die Bezeichnung für das Bulettengeschäft eines amerikanischen Nahrungsmittelanbieters. Vielmehr heißen so in der Hauptstadt die Zuhälter, klar?
maikeefan	wörtlich „maikäfern“; Versager erhalten in Berliner Betten oft nur ein erbittertes *Du wolltst mir woll nur maikeefan*! = Du hast dich wohl nur aufplustern wollen!
Männa	Überall in Berlin werden heute echte Männer vermißt. Viele Berliner Frauen können nach Erstkontakten mit Bewerbern nur bedauernd ihr Urteil verkünden: *Da missen Männa komm' un keene uffjewärmten Leichen!* = Da müssen Männer kommen und keine Zombies!

Männe	Abkürzung des Vornamens „Hermann“; gleichzeitig der Ehemann, auch wenn er Paule oder Otto heißt.
Männeken	Ist Paule oder Otto ein Schwächling, wird aus dem *Männe* das *Männeken.*
Matratznball jehen, uffn	Wörtlich „auf den Matratzenball gehen“, d. h. zusammen ins Bett gehen.
Mensch	Bemerkenswerterweise ist *det Mensch* (= das Mensch) im Berliner Idiom der allgemein abwertende Begriff für „Frau“. Wirft ein bezeichnendes Licht auf die Selbsteinschätzung der männlichen Bevölkerung in der Metropole; vgl. auch → *Kolbn.*
Minna	Freundin, Frau; ist jemand *zur Minna jemacht* worden, hat man ihn richtig fertiggemacht. Mei-

	stens muß er dann den Abwasch erledigen.
Mistbiene	ärgerliche Insektenbezeichnung. *So ne Mistbiene, knutscht mit mir rum und hat doch schon ihrn Macka!* = So ein haltloses Geschöpf! Geht mit mir Zärtlichkeiten ein und ist bereits gebunden!
Mutter, satte	Ehret Vater und Mutter! Dieses biblische Wort ist dem Berliner Verpflichtung. Allerdings verstehen hiesige Männer unter *Mutter* auch jüngere Frauen und unter *satter Mutter* jemanden von außergewöhnlicher Erscheinung. Die *satte Mutter* ist Trägerin eines besonders ausladenden → *Balkongs* und hat insofern jeden Anspruch auf Respekt.

N/O

Nabelficker — Keine Berliner Sex-Spezialität, sondern derart von sich selbst beeindruckte Person, daß sie am liebsten Sex mit dem eigenen Bauchnabel hätte.

nageln — *Eine oder einen nageln*: nicht sehr charmante Umschreibung für „mit einem Partner des anderen (oder gleichen) Geschlechts schlafen". *Nageln* taucht außerdem in einer ganz anderen Bedeutung bei der griffigen Redewendung *Det is wie'n Furz uff'n Brett jenaglt* (= etwas Unmögliches versuchen) auf.

Nille — männliches Glied; eine *feije Nille* (= feiger Penis) ist ein Typ, der sich vor allem drückt.

Olle bzw. Oller — Wörtlich „die Alte" bzw. „der Alte"; gar nicht abwertend ge-

	meint für den Beziehungsfavoriten.
Onanie onana machen	Selbstbefriedigung ausüben; woanders werden manche Dinge nur einmal gemacht, in der Metropole sofort zweimal (*Onanie* plus *Onana*) hintereinander.

P

Panza, deutscha	*Sensibel wie'n deutscha Panza* = empfindsam wie Stahlplatten, also eher emotional unempfindlich. Nicht so beliebt.
Piefke	kleiner Schwanz
Piepel	1. kleiner Junge; 2. Penis. Geschlechtererziehung in Berlin: *Kinderschokolade biegt den Piepel gerade.*
pimpern	Sex haben

pinkelt, allet, wat im Sitzn — „Alles, was im Sitzen uriniert.“ Leicht abwertende Bezeichnung für weibliche Bewohner der Erdkugel – oder für Männer ohne Macho-Auftreten.

Poficker — Bestimmte sexuelle Praktiken sind bei Berliner Heteros nicht immer beliebt. Wer sich anders verhält, gilt als *Poficker* oder als *Polecker*.

pomade — *Der Typ is mir pomade* (= dieser Herr ist mir zukünftig recht gleichgültig). So beendet manche Hauptstädterin aktuelle Beziehungsprobleme.

Puff — In Berlin nicht nur ein Bordell, sondern auch die Bedeutung für „daheim“. Wie soll man das verstehen?

Puffmutter — Inhaberin geachteter öffentlicher Service-Einrichtung. Seit Einzug

	der Regierung enorm aufgewertet.
Rabattjäjer	Rabattjäger; leicht ironisch für den Erzeuger von viel Nachwuchs.
Roulette, vatikanisch	Katholiken ist lange Zeit nur eine Methode der Empfängnisverhütung empfohlen worden: Temperaturmessung nach den Herren Knaus und Ogino. Die Zuverlässigkeit dieser Methode war dem aufgeklärten Hauptstädter jedoch schon lange Zeit suspekt. In gewohnt eindeutiger Weise verstehen Berliner diese Form der Hormonsteuerung als *vatikanisch Roulette*.

S

Sammelbuck	Homosexueller; kann nur von Heteros erfunden worden sein, die sich eine Art Sammelveranstaltung vorstellen.

Schamster	Freund einer Frau; anders als das Wort vermuten läßt, kennt der *Schamster* keine Scham. Hingegen ist er, wie der Hamster, eher nachtaktiv.
Schiepken	männlicher Lebensgefährte: der, mit dem man herumschiebt (was auch immer).
Schlampe, jeile	Scheinbar abwertend für Frau. Tatsächlich finden Berliner *jeile Schlampen* jedoch viel interessanter als etwa → *Bratschleichen.*
Schlummarolle	Liebevolle Bezeichnung für die Geliebte oder Freundin mit etwas fülligeren Ausmaßen. So was findet man eben nicht bei IKEA.
Schmalzamor	Etwas herb für: bis über beide Ohren verliebter, dicker Mann.
Schmatzipuffi	In anderen Gegenden Deutschlands nennt man sich „Liebling“, in Berlin heißt das *Schmatzipuffi*.

Man kann sich schon denken, was den Liebling in Wirklichkeit ausmacht.

schnocken — In Berlin aufzufallen, ist viel schwerer, als es sich manche → *Westtöle* vorstellt; gerade für Damen aus dem Westen ist das nicht gleich einsichtig. Wer sich krampfhaft und vergeblich darum bemüht, attraktiv zu wirken, der bzw. die *schnockt*: *Die Olle mit ihrn dicken Pöter schnockt wieder rum wie wennse Madonna wer, wa* = Die Dame mit ihrem Wahnsinnshintern macht gerade so, als ob sie eine gewisse Madonna wäre.

Schnulle — Anrede für die Ehefrau; von „Schnuller"?

Schwein — Männer und Frauen in der Hauptstadt legen Wert auf Form. Unmotiviertes Duzen führt immer wieder zum plötzlichen Abbruch

	jeglichen Kontaktes: *Wo ham wir denn schon zusamm' Schweine jehütet* = Wo haben wir denn einmal gemeinsam Paarhufer gezüchtet?
Seelenziepen	schmerzlicher Liebeskummer
Sega bzw. Seger	wörtlich „Säger"; Mann, Prolet, Flegel.
Smarties	Unter jungen Hauptstädtern selbstverständlich geläufige Bezeichnung für den verhütungstechnischen Klassiker: die Pille.
Stenz	Frauenheld
Strunze	Sehr abwertende Bezeichnung für eine Frau.

T/V

Tattoosammlung	Vielversprechende und wohl etwas süffisant gemeinte Einladung in den Versammlungsorten Berliner Singles: *Zeichste mir ma deine*

	Tattoosammlung (= Dürfte ich wohl mal deine Körperzeichnungen sehen)?
Theke	Viele Hauptstädter sehnen sich nach einem Leben als Embryo zurück. Genug zu essen, genug zu trinken, schön warm usw. Vielfach suchen sie gerade bei Hauptstädterinnen Erfahrungen, die an früheste Lust erinnern. Mit einem Begriff aus der Flüssigkeitswirtschaft bezeichnen sie einen großen *Balkong* auch als *Theke*, der sie ins Träumen bringt. Vgl. auch → *Mutter, satte*.
Tippelschickse	Prostituierte vom Straßenstrich
Titten raus	*Titten* sind „Brüste“: so weit, so bekannt. Außerhalb der Hauptstadt jedoch kaum üblich: der Ausruf *Titten raus, Jeld her*. Es handelt sich hier gar nicht um die stadtübliche Einleitung zum Banküberfall, sondern vielmehr

	um eine simple Begrüßung. → *Bundestölen* von außerhalb Berlins dürfen auch „Hallo" sagen.
Torte	Umwerfend anziehende Frau, die alle Süße des Lebens darzustellen scheint.
Törtchen	Vorstufe zur → *Torte.* Girlies, die sich zur → *Torte* entwickeln, haben in der Regel nur wenig Kontaktschwierigkeiten.
Tote Hose	1. Mitglied einer Kapelle; 2. Ausdruck für völliges Ausbleiben irgendwelcher Ereignisse; 3. Hauptstädter mit null Liebesleben.
Trulla	Als Bezeichnung für Frauen in Berlin ebenso gebräuchlich wie *Tantchen*, *Trude* oder *Tucke.*
Tülle	Ausguß einer Kanne; Ehefrau.

verknuse-matuckeln — Original Berliner Bezeichnung für „sich in leidenschaftlicher Liebe umarmen“. Wie sollte man es auch sonst ausdrücken, wenn man vor lauter Ekstase nicht mehr weiß, wo vorn und hinten ist?

W/Z

Wasserlatte — Der Organismus des Hauptstädters steckt voller Wunder. Männer wissen, daß sich ihr Körper gerade morgens auffallend sperrig verhält. Die sog. *Wasserlatte* des Berliners scheint jedoch in besonderem Maße auch noch die Folge starken Harndrangs nach reichlicher Einbringung von → *Antigrippin* zu sein.

Wichsgriffel — Die Glieder, die zur Masturbation unentbehrlich sind: natürlich Hände und Finger. Eine *Wichse* ist allerdings eine Tracht Prügel. Wenn es hart auf hart kommt, kann der Berliner ohne weitere

	Vorreden einem *Wichser* mit den *Wichsgriffeln* eine *Wichse* verabreichen. Alles klar?
Wuchtbrumme	Mädchen, das richtig was drauf hat und jeden Typ vom Hocker reißt. Eine *Wuchtbrumme* z. B. *Tülle* zu nennen, wäre unangebracht.
Zampel	Zänkische, biestige, nörgelnde, meckernde Frau. Ein Alptraum für Männer. So etwas ähnliches wie *Zottel*.
ZBR	In Berlin verkommt nichts. *ZBR* ist die Abkürzung für *Zum Bumsen reicht'se* oder *reicht'er.* Wenn jemand menschlich nicht gerade geschätzt wird, besinnt man sich in der Metropole gern auf seine grundlegenden Fähigkeiten.

Kapitel 2

Essen, Trinken und allerlei Rauschmittel

A

abbeißen, sich eenen	Schnaps zu sich nehmen. Je härter der Stoff, um so mehr muß gebissen werden.
Abjewöhnen, zum	Geläufige Entschuldigung bei Einnahme handelsüblicher Rauschmittel: *Na, noch eene(n) zum Abjewöhnen* (= Nun, noch einen zum Abgewöhnen)!
acheln	essen
Affe	Wer sich *nen Affen jekooft* (= einen Affen erstanden) hat, ist sturzbetrunken.
andudeln, sich eenen	Wer dabei ist, *sich eenen anzududeln*, der bereitet sich schnurstracks auf die Begegnung mit seiner inneren Musik vor: Engelsharfen, Sphärenklänge, Orchestergetöse.

anjeäthert	besoffener Zustand; der Begriff *anjeäthert* spielt an Äther als früheres Rauschmittel feiner Kreise an, ist heute aber gänzlich demokratisiert und wird für Alkohol verwendet.
anjenüchtert	Berliner sehen gern das Positive. Darum reden sie auch lieber von *anjenüchtert* als von angesoffen.
Antigrippin	Medizin ist dem Berliner heilig. Bei Grippe hilft nun mal am besten Antigrippin, das wissen wir aus der Werbung; hier ist jedoch Schnaps gemeint.

B

Berg	*Det is eena über'm Berg* (= Da hat sich einer derart zugekifft, daß er Berlin für eine Alpenstadt hält).
beschmort	betrunken

beschnurgelt	besoffen, auch „beschwippt“
bezähmen, sich eenen	Immer wieder geraten Berliner Bürger in Zustände kaum noch zu kontrollierender Aggression. Der Pitbull vom Zuhälter an der Ecke hat wieder in den Sandkasten gekackt, der Döner ist wieder teurer geworden, Hertha hat wieder verloren. Dann hilft in der Regel nur noch das Rezept der Kumpels: *Komm, bezähm dir erst mal eenen!* Der Rasende greift zur Flasche und alles wird gut.
Biertante	Kellnerin
Blindenwasser	Keine milde Gabe für sehbehinderte Mitbürger. Tatsächlich handelt es sich nicht einmal im eigentlichen Sinn um Wasser, sondern vielmehr um Wodka. Allerdings um so starken, daß das Augenlicht schon mal ausfallen kann.

Blonde, kühle — Das Verhältnis des Berliners zum Alkohol ist mitunter sogar erotisch gefärbt: *Ick hab Bock uf 'ne kühle Blonde* ist gar keine Aussage über weibliche Anziehungskraft, sondern über die von Bier.

Blubber — Verächtlich für Suppe, die jede Attraktion verloren hat.

Bremsklotz — Bulette

büjeln — bügeln; Alkohol trinken. Wer genug davon hat, ist schließlich ordentlich *gebüjelt.*

C/D

Cognacpumpe — Unter professionellen Säufern in Berlin Bezeichnung für das menschliche Herz. Bei diesem Personenkreis ist Blut bereits durch alten Weinbrand ersetzt worden. Saufende Prolls verfügen in Berlin hingegen eher über die *kühle Mollepumpe* (= Bierpumpe).

Diensteid — Preußisches Pflichtbewußtsein hat auch Berliner schwer beeindruckt. Im Gedenken an solche alten Tugenden wird auch heute gern in Behörden *eenen uf'n Diensteid* gekippt und der Arbeitstag damit beschlossen.

Dividendenjauche — Kleinaktionäre hatten auch in Berlin nie Zugang zu den dicken Tischen mit Veuve Cliquot und Kaviar, für die gab's immer nur die *Dividendenjauche* (= helles Bier).

Drank — Ursprünglich Abfall als Futter für die Schweine. In der Hauptstadt gern zur Kommentierung etwas dämlicher Resteaussäufer verwendet: *Dicka Drank macht fette Schweine* (= Dicker Trunk verur-

	sacht schweinisches Körperwachstum)!
Droppen	Der Berliner hat großen Respekt vor Ärzten. Das hindert ihn nicht an der Einnahme eigener Medizin. *Ick muß meine Droppen nehm'* (= Ich muß meine Tropfen nehmen = Ich brauch jetzt einen Schnaps).

E/F

Ente, kalte	Weißbier mit Schaumwein; manche finden's eklig. Andere nicht.
fett	betrunken
fett drauf sein	In schwer bekifftem Zustand befindlich.
Fichte	Anders als in der märkischen Forstwirtschaft bedeutet in Berlin *Der hat 'ne nette Fichte zu sitzen*

	(= Da ist jemand ziemlich besoffen).
Fußlappen mit Flöhe	Feine Anspielung auf deutliche Ausdünstungen, die aus den Schuhen aufsteigen.
Futta	Futter = Sammelbezeichnung für alles Eßbare. Hauptstädter vermeiden überflüssige Differenzierungen. *Futta* gilt deshalb gleichermaßen für Menschennahrung wie für Tierfutter.
Futtaluke	Die Öffnung, durch die Futter hereinkommt (= Mund). Die Berliner Küchentradition ist nicht unbedingt der Traum der Gourmets.
Gummihacken	immer wieder begeisternd: Buletten. Vor allem zum Werfen.

H/I

Happenpappen — *Fast food*: für Berliner nichts Neues. *Happenpappen* klingt ein bißchen nach Abbeißen, Kauen, runter damit, nächster Happen, keine Umstände: und so ist's gemeint.

Haubitze sein — Wer genug → *Blindenwasser* bzw. *Mollen* o.ä. zu sich genommen hat, wird sich zu fortgeschrittener Stunde fühlen wie ein schweres, gußeisernes Monstrum kurz vor dem Abschuß. Berlin hat dafür einen einfachen Begriff: *Det is ne Haubitze.* Genau.

Hujo — Hugo; Zigarren-, Zigarettenstummel

Hundepuffer — Bulette; kleiner Hinweis auf die verwendeten Inhaltsstoffe.

illuminiert sein — Wenn der Körper der Berliner seine Festbeleuchtung anschaltet

	und die Nase zu glühen beginnt, bezeichnet man diesen Zustand als *illuminiert.* Andere sagen „besoffen“ dazu.
Infamia, Marke	schlechte Zigarre: *Wat rauchste denn da für'n Kraut? Is det Marke Infamia?*
inkacheln	1. stark heizen; 2. viel essen. Was soll man groß drumherumreden: Essen ist dazu da, im körperlichen Stoffwechsel verheizt zu werden. Bester Brennstoff sind Buletten und aus.

J/K

jalstrig	Ranzig, bitter im Geschmack.
Jesöff	Alkoholisches Getränk von niedriger Qualität. Der Berliner versteht es als seine Pflicht, diese Flüssigkeit in großen Mengen schnell zu beseitigen. Hinweis auf

	die grenzenlose Opferbereitschaft der Metropolenbewohner im Kampf gegen Billigprodukte v.a. aus dem Osten, vgl. → *Blindenwasser*.
Jlupsch	Wörtlich „Glubsch“: 1. großer Schnaps, 2. aufdringlicher Blick. Klar, daß Ersterer oft zu Letzterem führt.
jrau	Voll im Kater befindlich.
jum sein	betrunken sein; *der is jum* (= wie aus Gummi).
Jummijuttis	zähklebrige, gummiartige Masse; im Plural: gummiartige Süßwaren – Haribo läßt grüßen!
Kampfbrötchen	Berlins stärkste Waffe: die Bulette.
Kartoffelsalat	Geheimnisvoller Tarnbegriff der Trinkerszene für „Wodka“.

knille	1. stark betrunken, 2. dumm
Knorpel	Adamsapfel; *eenen hinter den Knorpel jießen* (= ein Glas Rauschmittel zu sich nehmen).
Kölner Kotze	Merkwürdig abwertender Begriff für italienischen Salat. Ob Rheinland oder Italien: *Det is Ausland, vastehste, un wat die für'n Zeuch einpfeifen, meine Fresse!*
Koks	Nicht zu verwechseln mit *Koks*. Bei *Koks* handelt es sich vielmehr um ein Glas Rum oder Weinbrand mit einem Stück Würfelzucker. Klar?
kübeln	Berliner mögen keine halben Sachen. Statt gepflegt einen Drink zu sich zu nehmen, heißt es in der Metropole: *Komm, wir kübeln eenen!*

L/M

labbern	lecken; undeutlich sprechen; in kleinen Schlucken trinken.
Lampe	*Eenen uf der Lampe haben* (= unter voller alkoholischer Dröhnung stehen).
Leichen-strümpfe	vegetarischer Kampfbegriff: Würste; ganz schön hart für Berliner Metzger.
Lippentriller	Schnaps
Löffelstiel	Die Ernährungslage in der Hauptstadt ist nicht immer einfach. Gerade in den aufstrebenden High-Tech-Firmen ist Diät eher Pflicht: *Ick hab noch keen warm' Löffelstiel in' Leibe* (= Ich habe noch nichts Warmes gegessen). Klarer Fall für den Betriebsrat.

Lulle	Zigarette; hört sich ebenso lässig an, wie's in Berlin praktiziert wird.
Marke Bahndamm Zoo	Scherzhaft für schlechten oder selbstangebauten Tabak.
Molle, kühle	Berliner Bier

P/Q

Panzerplatte	Bulette
präpeln	mit Genuß essen
Qualmtüte	starker Raucher

R/S

Radehacke	Hacke zum Roden; *blau wie 'ne Radehacke*: so besoffen wie irgendein Ackergerät.

rahmig	betrunken
Schafscheiße mit Speckkrabben	Fremdes Zeug auf den Tellern mögen Berliner nicht so recht. Gourmetköche haben hier ihre liebe Müh. Einheimische vermuten im Zweifelsfall, der Koch habe ihnen *Schafscheiße mit Speckkrabben* (auch üblich: *Scheiße mit Reis*) vorsetzen wollen und distanzieren sich.
schicker	betrunken
schmettern	Alkohol trinken: *Ick wir noch eenen Schnabus schmettern*; auch: *schnäppern, schnasseln, tütern.*
Schrippe	Nicht nur das Berliner Roggenbrötchen; auch als Schimpfwort gebräuchlich: *Du olle Schrippe!*
Schrippe, verzauberte	Eine Schrippe, in der hin und wieder Fleischreste auftauchen (= ironischer Begriff für Bulette).

Schumm	angetrunkener Zustand; *er is im Schumm.*
Salz	Grundnahrungsmittel in Berlin. Im Zweifelsfall Antwort auf sämtliche Bedürfnisse. Die Klage *Mir hungert so* darf in der Hauptstadt ohne weiteres beantwortet werden: *Leck Salz, denn durschtert dir* (= Leck doch Salz, dann kriegst du Durst)!
S K	Berliner finden Abkürzungen weltstädtisch. SK bedeutet aber nicht „Sonderkommando"; sondern soviel wie „Sauf-Kübel" (= eine Person, die unzählige Liter Alkohol ohne Ausfallserscheinungen in sich hineinlaufen lassen kann).
Striptease-würstchen	Wiener Würstchen im Kunstdarm; denn den muß man vor dem Verzehr abziehen.

T-Z

Tellermine Nummer eins im Berliner Rüstungsgeschäft: die Bulette.

Tellertaxi Bedienung im → *Bums*

Todesknolle Ökologie wird in Berlin seit jeher groß geschrieben. Es ist kein Zufall, daß im Berliner Lieblingsgericht, der Bulette, alles möglich recycelt wird. Nennt man sie darum auch scherzhaft *Todesknolle*?

Wochenübersicht, gedrängte scherzhaft für Bulette; Berliner Esser vermuten immer wieder, daß in der Bulette sämtliche Reste der vergangenen Woche Eingang finden.

Zacken Berliner fühlen sich grundsätzlich als die Kings. Wenn sie an der Krone *'nen Zacken wech ham*, sind sie besoffen.

Zuchthaus-pastete	Bulette; beliebt in den Knästen der Welt? Oder Inhaftierungsgrund für Metzger?

Kapitel 3

Festes, Flüssiges und einschlägige Körperprodukte

A

abdrücken	Ausscheidung menschlicher Exkremente. Wenn's nicht von selber will, wird es eben „abgedrückt“.
Akustik	Geruch, Gestank; Berlin erweitert die Wahrnehmungsfähigkeiten. Wird woanders über Gestank geflucht, stellt man hier fest: *Det is ja ne dolle Akustik hier.*
Aule	Auswurf
Auster	ausgespiener Schleim; manche Perle mag sich darin wiederfinden.

B/C

Braunschweiger Fensterkitt	Vermutlich von Berliner Glasern geprägter Begriff für „Scheiße“.

Briketts husten äußerst besorgniserregender Husten

Charlottenburger Die Nase ist verstopft, die Taschentücher sind alle vergessen? Da hilft nur ein *Charlottenburger*: Mit einem Finger ein Nasenloch zuhalten, kräftig auf den Asphalt schneuzen und schon atmet man freier.

E/F

Eau de Mief Billiges Parfum oder einfach nur starker Körpergeruch. Aus der Verballhornung von Eau de Toilette könnte man schließen, daß der Berliner Waschen besser findet.

Ei lejen bzw. legen Das Ei ist das Symbol für den Ursprungs des Lebens. Berliner denken in Ehrfurcht und täglich daran, indem sie jedesmal nach dem

	Vorgang des Scheißens behaupten, sie hätten *'n Ei jeleecht.*
Fahrstuhl, feuchta	laufende Nase
flitzen	Durchfall haben
Forzmolle	Bett; nur hier fühlen sich Berliner so unbeobachtet, daß sie dem Darmwind am ungezwungensten freien Lauf lassen.
Fruchtpups	Mit einem einzigen Wort beschreibt der Volksmund nicht nur die plötzliche Geruchsentwicklung, sondern auch gleich die Ursache. Meisterhaft.

H/J

Hamster melken	Der Berliner ist bekannt für seine Tierliebe. Auch wenn er bloß die Toilette aufsucht, fallen ihm gleich einschlägige Vergleiche ein.

Jekeuze	Husten mit Auswurf
Jerbertöle, Kotzen wie 'ne	Die Gerber selbst hatten früher schon nichts zu beißen, ihre Hunde noch weniger. Wer also *kotzt wie 'ne Jerbertöle*, der hat gar nichts im Magen, was das Kotzen lohnt und ist ein armes Schwein.
Jriebe	1. ausgebratener Speckwürfel; 2. Ausschlag am Mund, Bläschenbildung.

K/L

Kackspur	Sichtbarer Hinweis in Textilien für vorhergegangenen Klogang. *Kiek dir mal die Kackspur an!*
Kackstända	Berliner messen Ausscheidungsvorgängen erhebliche Bedeutung bei. Insofern mag bei manchen die wichtigste Aufgabe von Beinen das Laufen sein; nicht so in der Hauptstadt. Hier sind sie vor

	allem als Unterstützung beim Scheißen zu sehen und heißen demzufolge *Kackständer*.
keuzen	sich übergeben
Lissi, blonde	Bezeichnung für eine neue Klobürste.
Lissi, braune	Eine braune Lissi ist infolgedessen eine bereits benutzte Klobürste.

M/O

Männchen mit'n Najelschuhn	*Spürste ooch det Männchen mit'n Najelschuhn?* fragt der eine Kumpel den andern nach durchzechter Nacht und brutalem Kopfweh: Spürst du auch das Männchen mit den Nagelschuhen?
Miefquirl	Ventilator; wird aber auch häufig für einen Menschen mit fehlender

	geruchlicher Selbstwahrnehmung gebraucht.
Otto, flotter	Hat gar nichts mit Otto Rehagel zu tun. Gemeint ist vielmehr der rasche Abgang flüssigen Stuhlgangs. Unverhofft kommt oft.

P/Q

Plempe	eigentlich: Matsch; sehr unappetitlich aussehende Mahlzeit.
puschen	pissen
Qualster	herausgehusteter Schleim

R

Rotzbremse	Zunächst nur von nach Berlin eingesickerten Landeiern benutzt. Dann in der Zuhälterszene gebräuchlich. Die Bezeichnung dieser Haartracht gibt eine Antwort

	auf die Frage, die viele Berliner umtrieb: Warum in aller Welt läßt man sich so einen Bart stehen? Als *Rotzbremse, vastehste?* Alles klar.
Rotzkocher	Die wahrscheinlich ehrlichste Bezeichnung der Welt für eine Pfeife. Was macht eigentlich wirklich den individuellen Pfeifengeruch aus?
Rotztulpe	Nase, auch *Rotznese* und *Schnoddernese.*
Rotz um de Backen schmiern	Berliner finden Schmeichelei eher abstoßend. Wenn's aber doch mal sein muß, zum Beispiel aus geschäftlichen Gründen, dann nehmen sie sich vor: *dem* oder *der wer ick Rotz um den Backen schmiern.*

S/Z

sabbern	Dummes Zeug reden, auch sabbeln.
Schiffe	Urin; soll ja auch ein Heilmittel sein.
schiffen, ins Feuazeuch	In ihrer Originalität unübertroffene Begründung für die Übellaunigkeit von Berlinern: *Dem ham'se doch ins Feuazeuch jeschifft* (= Dem hat jemand in sein Feuerzeug uriniert). Verlangt eine gewisse Kunstfertigkeit, die in der Metropole aber zweifellos vorausgesetzt werden darf.
Ventil	Dringender Appell an gemeine Furzer: *Mann, koof doch'n neuet Ventil!* = Guter Mann, möchten Sie sich nicht eine neue Abgasregulierung verschaffen?

Zimtstreifen in der Hose	Diskrete Umschreibung für eine nicht gründlich ausgeführte Säuberung nach dem Klogang. Vgl. → *Kackspur.*

Kapitel 4

Gewalt, Schläge und schnelles Ableben

A

abschrammen	wegfliegen; fliehen, sterben
abtakeln	Begriff aus der Welt der Berliner Seenlandschaft. Heißt soviel wie: „einen Menschen umbringen“.
alksen	Ohne Rücksicht auf Verluste zuschlagen, blind draufprügeln: *Se hat’n mit de Fäuste in’t Jesichte jealkst* (= Sie hat ihm mit den Fäusten gründlich die Fresse poliert).
anbinden	*mit eenen anbinden* = mit jemandem Streit suchen.
Angstmacha	Messer
anhauchen	Jemanden ziemlich in den Senkel stellen: *Soll ick dir ma richtich anhauchn* (= Soll ich dir mal deutlich machen, was ich vom Sachverhalt halte)?

anpusten — Der Berliner scheint gelegentlich unter Mundgeruch zu leiden. *Soll ick dir ma anpusten?* hält er zumindest für eine deftige Drohung (Das ist die Berliner Luft, Luft, Luft ...).

anranzen — jemanden anmachen

Armkasse — wörtlich „Armenkasse"; gemeint ist die Androhung einer Tracht Prügel: *Et jibt jleich wat aus da Armkasse!*

ausjeschissen — *Der hat aba ausjeschissen* = Der ist so tot, toter geht's nicht.

B

Backfeifen-jesicht — Der Hauptstädter entscheidet bereits in den ersten Sekunden über die Fortsetzung einer Beziehung. Jemand mit einem sog. *Backfeifenjesicht* (= Antlitz mit zu Gewaltanwendung geradezu einla-

	denden Zügen) hat geringe Chancen.
Bahnhof	Androhung unmittelbarer Gewaltanwendung: *Du krichst eene vor'n Bahnhof, detta sämtliche Jesichtszüje entjleisen* (= Du bekommst derart eine vor den Bahnhof, daß dir sämtliche Gesichtszüge entgleisen)!
Ballong	Ein *Ballong* ist nichts anderes als der Kopf. Vorsicht ist geboten, wenn Ihnen ein Berliner ankündigt: *Kriechst jleich eens vor'n Ballong* (= Du erhältst in Kürze eine vor deinen Ballon)!
Bimse	Tracht Prügel; *den ham wa ordentlich verbimst* (= der steht so schnell nicht wieder auf).
Blau	Dresche, Prügel; geistreiche Anspielung auf den einstmals berühmten Farbstoff *Berliner Blau*.

bolzen — sich prügeln; *müßta euch ooch imma bolzen* (= müßt ihr euch denn immer körperliche Gewalt antun, Kinder)?

Bombe — *Halt's Maul oder du kriechst 'ne Bombe* ist eine eindeutig letzte Warnung, wenngleich vielleicht etwas großspurig.

Brust — Berliner haben ein Feeling für Vermeidung von Umwegen. *Wasch dir de Brust – du wirst erschossen!* bedeutet eine Aufforderung, unmittelbar zu Diensten zu sein. Macht man doch gerne.

D/E

Dach abdecken — *Ick jloobe, ick muß dir det Dach abdeckn!* Wer so verdroschen wird, wie's hier gemeint ist, der mag sich am Ende tatsächlich wie ein Haus fühlen, dem ein Tornado das Dach abgedeckt hat.

Ding — Nicht nur Ding im Sinne von Ding, sondern auch Schlag, Ohrfeige: *Noch een Wort und du fängst dir'n Ding!*

Doppelverdiener — Zeitgenosse, dessen Einkommenssituation zu sofortigen Neidausbrüchen in der Hauptstadt führt. Der Berliner versteht in der Folge unter *Doppelverdiener* jemanden, *der rechts un links eene hinta de Ohren vadient!* (= jemand, der eine Stereo-Klatsche kriegen muß).

Eier — *Ick pollier dir jleich die Eier* (= Ich poliere dich gleich an empfindlichen Teilen)! Diese Mitteilung sollte man in keinem Fall als Hilfestellung bei der eigenen Körperpflege mißverstehen.

F

flastern — Jemandem eine Ohrfeige verabreichen. *Dir wer ick jleich eene flastern* (= Dir werde ich gleich ein Pflaster verabreichen)! Der Dialekt nimmt bereits voraus, was der Niedergeschlagene danach dringend benötigt: ein Pflaster.

frikassieren — Jemanden übel zurichten, verprügeln (wörtlich: zu Frikassee verarbeiten).

H/J

Hammelbeene langziehen — Woanders zieht man jugendlichen Delinquenten „die Ohren lang“. Nicht in Berlin. Auch hier schlägt die Tierliebe des Hauptstädters durch. Möglicherweise Anspielung auf frühe preußische Volksbräuche.

Jackenfett	Prügel
Jackstück	*Det Jackstück vollkriejen* (= verdroschen werden).
Jas abdrehn	wörtlich „Gas abdrehen"; *ick dreh dir den Jas ab!* Akute Ankündigung eines Todes durch Erwürgen.
jerben	Ursprünglich für Tierhäute bearbeiten, gerben. Mittlerweile bedeutet *jerben* jemandem massive Prügel verabreichen.
Jordan	Der Hauptstädter ist frömmer als gemeinhin bekannt. Er kennt z. B. das Heilige Land ganz gut. *Der is über'n Jordan* (= jemand betritt das Land der Väter – und kommt nie mehr zurück).

K/L

Katzenkopp — Hin und wieder auch heute unter Erziehungspersonal noch gebräuchlich: der Schlag mit der Hand an den Hinterkopf.

lackieren — Lackieren gilt in der Hauptstadt als gewalttätige Angelegenheit. *Willste die Fresse lackiert?* Auf dieses Angebot sollte man sich nicht einlassen. Vgl. auch → *Eier polieren.*

Moskau zeing — Fremde Länder machen Berlinern eher Angst und dienen sogar Kindern als Drohgebärde. Bei der Sitte des *Moskau zeing* wird ein zu bestrafendes Kind drohend an den Ohren hochgehoben und ihm bedeutet: *Jetz siehste Moskau, wa?* Die Antwort ist in jedem Fall unerheblich.

N/O

Naß

Bei gewitterähnlichen Gewaltausbrüchen werden immer wieder auch unbeteiligte Touris naß (= fertig) gemacht. Also Vorsicht!

Noten

Hauptstädter sind musikalisch. Jemand, der *Keile nach Noten bekommt* (= musikalisch eins auf die Fresse), wird in Berlin auch weiterhin in die Oper gehen.

Opfa

Androhung einer Schlägerei mit bewußter verbaler Schwächung des Gegners. Spricht man den Feind bereits mit *wat is, du Opfa* (= was ist los, du Opfer)? an, hat dieser kaum noch Chancen auf einen Sieg.

P–S

Punkt	*Einen aufn Punkt kriejen* – einen Faustschlag zwischen die Augen bekommen.
Revolver	*Der jeht mit'n Revolver einkoofen* (= Der geht gleich mit der Schußwaffe einkaufen). Hier führt sich jemand ganz brutal auf.
riechen, nach Holz	*Der riecht schon nach Holz*: Anspielung auf den Geruch des aus Holz gefertigten Sarges. Umschreibt mit pietätvoller Rücksichtnahme (die mancher dem Berliner kaum zugetraut hätte) das baldige Ableben eines Mitmenschen.
Schelle	Akustik spielt in Berlin eine große Rolle (vgl. → *Akustik*). Wer eine *Schelle* abkriegt, dem klingeln womöglich die Ohren. *Schelle* = Ohrfeige.

schrauben	Berliner Schläger suchen zuerst, den Gegner rhetorisch zu vernichten: *Det schraubt euch alle Jewinde aus'm Arsch und dreht se euch in'n Daumen rein* (= Ich greife zu einer Maßnahme, die euch alle Gewinde aus dem Hinterteil holt und sie in eure Daumen hineinbohrt)!
Senge	Eine Tracht Prügel heiß wie die sengende Sonne.
stechen	Weitere Variante für die Verabreichung der beliebten hauptstädtischen Ohrfeige.
stehen, mit een Been inna Kiste	Der Betreffende ist so gut wie hinüber, hat aber seinen letzten Schnaufer noch nicht getan. Er steht mit einem Bein im Sarg (= *Kiste*).
tuppen	schlagen; oft als Drohung: *Schnauze oder een jetuppt* (= Jetzt

aber Ruhe, sonst greife ich zur körperlichen Gewaltanwendung)!

W

Wucht	eine Tracht Prügel

Kapitel 5

Schimpf, Schande und herbe Komplimente

A/B

Aas	Sehr beliebt: Beschimpfung in Form toter Tierkörper. Steigerung: *Du ollet Aas* (= du alter Kadaver). Für Gruppen gebräuchlich: *Du und deine janze Aasbande.*
Aaskröte	Amphibische Abwertung in Berlin.
Appelfatzke	Was vom Land kommt, erregt bei Leuten aus der Metropole eher Mißtrauen. Wenn einer vom Land kommt und sich auch noch was drauf einbildet, handelt es sich, klar, um einen *Appelfatzke.*
Ärmel	Berliner bevorzugen legere Garderobe. Jemand mit langen Hemdenärmeln (= *eener mit Ärmeln*) gilt darum bereits als „ganz gerissener Mensch“.

Azteke — Berlin versteht sich als internationale Drehscheibe. Das Schimpfwort *Oller Azteke!* ist womöglich ein Hinweis auf die Berliner Neugier auf alte ausländischen Bräuche, bei denen jemandem das Herz bei lebendigem Leibe herausgerissen wurde. Besonders davon fasziniert sind die hauptstädtischen Taxi-Driver.

Bauch — Wer dick wird in Berlin, braucht für freundliche Bemerkungen nicht extra zu sorgen: *Sie lassen sich woll'n Bauch stehen* (= Sie verstehen ihren Umfang vermutlich als kosmetische Maßnahme)?

Bello — 1. Hund, 2. großer Mensch; Knastsprache: Zellentoilette.

Bumskopp — Dickschädel

Bundestöle — Eine *Töle* ist ein x-beliebiger Köter. Personen, die aus Westdeutschland kommen, gelten als

Bundestölen. Interessant auch die sprachliche Nähe zur *Sabbertöle* (= alter Hund, dem unkontrolliert der Speichel heraustropft).

D/F

Dickus — Der Berliner legt Wert auf Bildung. Latein ist ihm selbstverständlich. *Dickus* gilt darum als freundliche Anrede für einen dikken Menschen.

Fettschwabbel — Die Steigerung des *Dickus* ist der *Fettschwabbel* – bei ihm hat sich so viel Fett angesammelt, daß es keinen enganliegenden Platz mehr am Körper finden konnte und bei jedem Schritt mitgeht.

Fischooge — Zugewanderter von der Küste.

Flitzpiepe — Schimpfwort, zusammengesetzt aus „klein“ (= *piepe*) und „Durchfall“ (= *flitzen*).

Furzkruke	Jemand, der derartige Fürze von sich gibt, daß er sich auf sie wie auf Krücken stützen könnte. Beleidigung.

G/H

Gesichtsdildo	schlimmes Wort; ganz schlimm.
Göt	Das türkische Schimpfwort *Göt* hat sich bestens im Sprachgebrauch eingebürgert. Bedeutet einfach nur „Arsch“.
Graf Koks von der Jasanstalt	Die Berliner Dreifaltigkeit aus Noblesse und Dämlichkeit sind *Graf Koks von der Jasanstalt*, *Graf Rotz von de Popelsburg* und *Graf Kacke* – allesamt abfällige Bezeichnungen für einen Angeber. Denn prahlerisches Auftreten ist dem demütigen Berliner fremd.
Hungerharke	Schimpfwort

K

Kacknest	Alle Orte weltweit außer Berlin.
Kackstelze	Person, die allein durch ihre merkwürdigen → *Kackständer* auffällt.
Kaputtnick	1. Nicht mehr arbeitsfähiger Mensch. 2. Dummer Mensch, der seine Sachen nicht geregelt bekommt.
Klippenkacker	Person, die, von der Küste kommend, sich nach Berlin traut.
Klippenpisser	vgl. → *Klippenkacker*
Knete	*Dein Kopp is'n einzijer Teller Knete* (= für Gehirnmasse scheint bei dir kein Platz mehr gewesen zu sein).
Körperclown	Der Gerechtigkeit halber: Schimpfwort für überhaupt jeden beliebigen Menschen.

Körpergnom	Schimpfwort für einen kleinen Menschen.
Körperkloß	Schimpfwort für einen dicken Menschen.

L/M

Löffelschnitzer	Berliner glauben, daß die Bewohner von Thüringen den ganzen Tag nichts anderes tun, als ihr Besteck selber herzustellen.
Matzbleeke	Von „Matthäus“ abgeleitet und seit dem segensreichen Wirken von Lothar Matthäus voller Aktualität. *Matz* steht für kleiner doofer Typ. *Matz* plus *Bleeke* (= großer doofer Typ, also ein absoluter Trottel).
Maulwurfjäjer	Der *Maulwurfjäger* ist jemand, der seine Zeit mit vergeblichen Vorhaben vergeudet.

Nasenpopel	Die Minderwertigkeitsgefühle vieler Berliner sind legendär. Manche von ihnen empfinden sich überhaupt nur als körperliche Kleinstteile. Wer sie freilich als solche auch behandelt, stößt auf unvermuteten Widerstand: *Se sehn mir woll hier for'n Nasenpopel an?* – und schon ist die Fresse dick.

O/P

ODKS	Abkürzung für die beliebte Anrede: *Olle, doofe Kacksau.* Damit ist alles gesagt und jeder versteht's.
Ohr abkauen	Wer unentwegt blödes Zeug redet, verursacht auf Dauer körperliche Verlusterscheinungen. *Kau mir keen Ohr ab!* heißt deshalb das Gebot der Stunde.
Patentfatzke	eingebildeter Mensch

Pfannekuchen mit Beene	Person mit überdurchschnittlich großem Körperumfang. Nur die beiden Stelzen unterhalb unterscheiden ihn noch von einem Pfannkuchen.

Q/S

Quadratschnautze	Auf die Nerven gehender Schwätzer.
Sachsengesocks	Ursprünglich wohl tatsächlich nur für Sachsen benutzt, inzwischen allgemein für unsympathische Nicht-Berliner.
Schluchtenscheißer	Bewohner der Alpenrepubliken
Schweinebraten	Berlin – Metropole der Vegetarier? Wer hätte das gedacht. Jedenfalls heißt es von einem absolut blöden Typ: *Det is so'n elender Schweinebraten!* Vgl. → *Leichenstrümpfe.*

W/Z

Waldheini	Person, die kein großes Vertrauen genießt.
Zonendödel	Ein Ostdeutscher, der nicht in Berlin lebt, wird von den Hauptstädtern immer noch und weiterhin begeistert als *Zonendödel* bezeichnet.

Die deutsche Literatur braucht mehr schmutzige Wörter!

Und wir brauchen Sie.

Liebe Leserin, lieber Leser,

unser kleines Wörterbuch hat Ihnen hoffentlich gefallen oder die eine oder andere Erleuchtung verschafft. Doch die Muttersprache ist natürlich viel origineller, als sich auf so ein paar Seiten zeigen ließe. Wenn Ihnen zu den Kapiteln dieses Buches noch mehr Wörter in den Sinn kommen (nicht einfach originelle, sondern auch noch ein bißchen schmutzige), dann schicken Sie sie uns mit einer hochdeutschen Übersetzung; gern auch als E-Mail.
Da wir weltweit als dankbarer Verlag bekannt sind, verlosen wir – unter Ausschluß des Rechtswegs – unter den Einsendern ein Buchpaket mit den genialsten Büchern aus unserem Hause.
Was auch immer Ihnen zu Dirty Words aus Ihrem Dialekt einfällt, lassen Sie es die Nachwelt wissen und geben Sie es weiter an:

Belchen Verlag
Schwaighofstr. 11
79100 Freiburg
Fax 0761-7072390
redaktion@belchen-verlag.de